Endereços da paz

Chico Xavier

Endereços da paz

Pelo Espírito
André Luiz

Copyright © 2014 by
FEDERAÇÃO ESPÍRITA BRASILEIRA – FEB

Direitos licenciados pelo Centro Espírita União à Federação Espírita Brasileira
CENTRO ESPÍRITA UNIÃO – CEU
Rua dos Democratas, 527 – Jabaquara
CEP 04305-000 – São Paulo (SP) – Brasil

1ª edição – 1ª impressão – 6 mil exemplares – 11/2020

ISBN 978-65-5570-001-5

Todos os direitos reservados. Nenhuma parte desta publicação pode ser reproduzida, armazenada ou transmitida, total ou parcialmente, por quaisquer métodos ou processos, sem autorização do detentor do *copyright*.

FEDERAÇÃO ESPÍRITA BRASILEIRA – FEB
SGAN 603 – Conjunto F – Avenida L2 Norte
70830-106 – Brasília (DF) – Brasil
www.febeditora.com.br
editorial@febnet.org.br
+55 61 2101 6198

Pedidos de livros à FEB
Comercial
Tel.: (61) 2101 6155/6177 – comercial@febnet.org.br

Dados Internacionais de Catalogação na Publicação (CIP)
(Federação Espírita Brasileira – Biblioteca de Obras Raras)

L953e   Luiz, André (Espírito)

         Endereços da paz / pelo Espírito André Luiz; [psicografado por] Francisco Cândido Xavier. – 1. ed. – 1. Imp. – Brasília: FEB; São Paulo: CEU, 2020.

         118 p.: 21 cm

         ISBN 978-65-5570-001-5

         1. Espiritismo. 2. Obras psicografadas. I. Xavier, Francisco Cândido, 1910-2002. II. Federação Espírita Brasileira. II. Título.

                                   CDD 133.93
                                   CDU 133.7
                                   CDE 80.03.00

*Desejava ter comigo
Uma joia de alto preço
Não tendo, porém, o ouro
Esse propósito, e esqueço...
Mas tendo fé em mim mesmo
Lembro-me, com razão,
De ofertar-lhes este livro,
Que me expressa a gratidão.*

[...] a facilitação de cada problema solicita três atitudes essencialmente distintas, tendendo ao mesmo fim.
Silêncio diante do caos.
Oração à frente do desafio.
Serviço perante o mal.

———◆———

Se a discórdia ameaça, façamos silêncio.
Se a tentação aparece, entenebrecendo a estrada, recorramos à oração.
Se a ofensa nos injuria, refugiemo-nos no serviço.

(Da mensagem *S.O.S*)

Sumário

Apresentação 9

1. Nunca inúteis 11
2. Saldo e extra 15
3. Ainda 19
4. Anotações do bem 23
5. Auxílio e orientação 25
6. Definição 27
7. Dificuldades e problemas 29
8. Dupla da paz 31
9. Discernimento 35
10. Gratidão e esforço 39
11. Ricos 41
12. Ideias para hoje 45
13. Bagatelas 47
14. Lição e auxílio 49
15. Na educação cristã 51
16. Nos caminhos do coração 55
17. Oportunidades 57
18. De parte a parte 59

19 O que interessa	63
20 A palavra	65
21 Proteção	69
22 Toda tarefa é importante	71
23 Registros da vida	73
24 Pergunta de sábio	75
25 Alavanca de luz	77
26 Vigilância	81
27 O melhor por fazer	85
28 Reflexões	89
29 Medicação espiritual	91
30 Perdas	93
31 Riqueza	97
32 Solução	101
33 Indagação e resposta	103
34 Orações da estrada	107
35 Se lhe falta	109
36 S.O.S	111
37 Sementeira	115

Apresentação

As páginas deste livro se constituem dos apontamentos e reflexões de nosso amigo André Luiz, todas elas dignas de nossa melhor consideração.

Examinando-as e observando-lhes a multiplicidade dos ângulos, através dos quais o nosso companheiro analisa as situações e ocorrências da vida, concluímos que este volume é um roteiro de segurança e tranquilidade, resguardando-nos a jornada evolutiva nos caminhos da elevação.

É por isso, caro leitor, que te ofertamos o presente volume, em nome do Autor, com a alegria de quem te entrega um mapa valioso de endereços da paz, na condição de servidor reconhecido.[1]

EMMANUEL
Uberaba (MG), 4 de outubro de 1982.

---

[1] N.E.: O título desta edição está conforme Termo de Parceria Editorial firmado entre CEU e FEB, datado de 6 de março de 2014. A edição inclui ainda mensagens conforme reimpressão da Editora CEU de março de 2013.

1
Nunca inúteis

Nunca se diga inútil nos mecanismos da vida.

———◆———

A usina é um centro gigantesco de força, mas é a lâmpada que dosa em casa a luz de que carecemos.

———◆———

Determinada moradia será provavelmente um palácio, mas é a chave que lhe resguarda a segurança.

———◆———

O depósito de algodão é garantia valiosa na indústria, mas o tecido na espécie é formado pelo fio que ele produz.

———◆———

O livro pode ser um tesouro de conhecimentos superiores, mas não surgiria sem as letras do alfabeto.

———◆———

A sinfonia é um espetáculo de grandeza, mas não existiria sem base nas sete notas.

Meditemos na importância da vida, em qualquer setor, e trabalhemos.

Realmente, não somos indispensáveis, porque a Providência Divina não pode falir quando falhamos transitoriamente, mas, em verdade, segundo a Sabedoria do Universo, Deus não nos criaria se não tivesse necessidade de nós.

Trabalhe e o serviço conferir-lhe-á respostas exatas.

Ressentimento é sempre um veneno sutil gerando desequilíbrio e enfermidade.

— 2 —
Saldo e extra

O homem comum, em todas as latitudes da Terra, guarda, habitualmente, o mesmo padrão de atividade normal.

Alimenta-se.
Veste-se.
Descansa.
Dorme.
Pensa.
Fala.
Grita.
Procria.
Indaga.
Pede.
Reclama.
Agita-se.

Em suma, consome e, muitas vezes, usurpa a vitalidade dos reinos que se lhe revelam inferiores.

É o serviço da evolução.

Para isso, concede-lhe o Senhor grande cota de tempo.

Cada semana de serviço útil, considerada em seis dias ativos, é constituída de 144 horas, das quais as criaturas mais excepcionalmente consagradas à responsabilidade gastam 48 em trabalho regular.

Nessa curiosa balança, a mente encarnada recebe um saldo de 96 horas, em seis dias, relativamente ao qual raríssimas pessoas guardam noção de consciência.

Por semelhante motivo, a sementeira gratuita da fraternidade e da luz se reveste de especial significação para o servidor do Cristo.

Enorme saldo de tempo exige avultado serviço extra.

Em razão disso, às portas da Vida Eterna, quando a alma do aprendiz, no exame de aproveitamento além da morte, alega cansaço e se reporta aos trabalhos triviais que desenvolveu no mundo, a palavra do Senhor sempre interrogará, inquebrantável e firme:

— "Que fizeste de mais?"

Ofensas e injúrias? Perdoe sinceramente, sejam quais sejam, e Deus auxiliará você a esquecê-las.

3
Ainda

Efetivamente, você ainda não resplandece tanto quanto a luz, mas pode acender uma vela, afastando as sombras.

Não atingiu ainda os mais altos graus da sabedoria, no entanto, nada lhe impede articular uma frase de encorajamento, em auxílio aos que sofrem.

Não possui ainda a paz invariável, entretanto, você detém a possibilidade de fazer silêncio sobre o mal, a fim de que o mal se transforme no bem, dentro do menor prazo possível.

Não conquistou ainda a alegria permanente, todavia, consegue endereçar um sorriso de simpatia aos que necessitam de esperança.

Não maneja ainda toda uma fortuna, de modo a construir, por si só, uma instituição de beneficência, contudo, pode doar um pão ao companheiro desamparado.

É provável que você se afirme, sem qualquer condição para fazer isso, no entanto, dispõe você do privilégio da ação. Trabalhando, você é capaz de servir e, servindo aos outros, em qualquer situação e em qualquer tempo, você pode começar.

Procure agir no bem incessante e a alegria ser-lhe-á precioso salário.

Toda perturbação pode ser limitada pelo silêncio até que se lhe extinga o núcleo de sombra.

— 4 —
Anotações do bem

Não importa quanto você disponha para agir e servir a benefício de outrem.

Vale o que fizer e como fizer daquilo que o Senhor já confiou a você.

Dizem os sábios que Deus dá o frio conforme o cobertor, para que o Homem saiba dar o cobertor conforme o frio.

Por onde você passe e do tamanho que possa, deixe um rastro de alegria.

Você voltará, mais tarde, para colher-lhe a bênção de luz.

A terra, a fim de produzir com segurança e eficiência, pede cultivo.

Acreditará você, porventura, que os valores da Vida Espiritual surjam sem trato?

Devemos unicamente amar, entregando a Deus qualquer problema de defensiva.

5
Auxílio e orientação

Quando o discípulo indagou do orientador quanto ao melhor conselheiro que devia buscar nas horas graves da vida, respondeu o mestre:
— Sim, meu filho, você disporá de muitos amigos e instrutores que lançarão luz em seu caminho, entretanto, o melhor conselheiro, aquele de que você realmente necessita, você o encontrará sempre na face de um espelho.

———◆———

O jovem desejou observar a marcha do rebanho, a fim de estudar-lhe o mecanismo.
Depois de verificar o carinho vigilante do pastor e reconhecer com que ternura cuidava da condução da pequena comunidade, compreendeu que cabia a cada ovelha caminhar com os próprios pés.

A palavra é a bússola de nossa alma, onde estivermos.

6
Definição

O jovem se queixava com o professor.
Sentia-se desolado.
Não via pessoa alguma no padrão que desejava. Aqui, uma pessoa generosa mostrava a praga do orgulho; ali, era alguém revelando cultura com manifesta crueldade de sentimentos.
De que modo conciliar os imperativos da lei de amor, se todas as criaturas, na Terra, patenteiam deficiências e falhas? — perguntava o rapaz aturdido.
O orientador escutou pacientemente as lamentações do aprendiz e, depois de longa pausa, considerou:
— Sim, meu filho. Em verdade, aqueles que apenas encontram defeitos nos outros é que ainda não querem ou não podem amar ninguém...

Indiferença ou desprezo de alguém? Trabalhe e olvide.

Toda impropriedade mental desaparece se lhe antepomos a luz da oração.

—— 7 ——
Dificuldades e problemas

Não admita possa alguém construir algo de bom sem dificuldade.

Pense nos problemas que uma simples semente deve encontrar a fim de germinar para servir.

Indique uma pessoa capaz de se manter na onda do êxito sem sofrer obstáculos.

Muitas vezes, é na prestação de algum serviço incômodo que você vai achar os melhores ingredientes para a solução de seus problemas.

Não ore por vida fácil.

Roguemos a Deus ombros fortes, não só para carregar o bendito fardo das obrigações que nos competem, como também para sermos mais úteis.

Cada coração pode ser um manancial de bênçãos.

8
Dupla da paz

Súplicas de socorro explodem nos lugares mais recônditos do mundo.
As respostas, no entanto, surgem da própria vida.
A Terra não é prisão de sofrimento eterno. É escola abençoada das almas.

Provações violentas enxameiam-te no caminho...
Coragem e paciência.

Incompreensões te envolvem a estrada, dificultando-te os passos...
Paciência e coragem.

Desgostos francamente inesperados aparecem-te de súbito...
Coragem e paciência.

Notícias fulminantes esfogueiam-te os ouvidos...
Paciência e coragem.

Enfermidades sitiam-te a casa, conturbando-te a vida...
Coragem e paciência.

Surpresas amargas te procuram, às vezes, por dentro do próprio lar...
Paciência e coragem.

Quando a irritação te ameaçar, tanto quanto puderes, deixa a conversa para depois...
Coragem e paciência.

Entes queridos se te transformam em aflitivos problemas...
Paciência e coragem.

Conflitos e tentações assomam-te ao pensamento, ameaçando-te a consciência tranquila...
Coragem e paciência.

Sejam quais forem os obstáculos que te desafiem, aciona essas duas alavancas da paz, porque a coragem te manterá o coração ligado à fé no Divino Poder que nos rege os dias e a paciência é a luz da esperança que nasce de nós, assegurando-nos a vitória sobre nós mesmos nas lutas edificantes do dia a dia.

O dinheiro que alivia é bálsamo da vida superior.

Se você não consegue evitar a irritação, use o silêncio.

— 9 —
Discernimento

Os defeitos mais arraigados são aqueles que tomamos à feição de qualidades.

É preciso discernir:
apresentação e vaidade;
brio e orgulho;
serenidade e indiferença;
correção e frieza;
humildade e subserviência;
fortaleza e segurança de coração.

A felicidade não é miragem do porvir.
É realidade de hoje.

O bem não é o conforto do próximo apenas.
É ajuda a nós mesmos.

Quando algum sentimento nos induz a parecer melhor ou mais forte que os outros, é chegado o momento de procurar a nossa própria realidade, para desistir da ilusão.

De que serve a felicidade dos felizes quando não diminui a infelicidade dos que se sentem menos felizes?

Nunca se diga inútil nos mecanismos da vida.

O aborto, em muitos casos, está na raiz de grande número das moléstias de etiologia obscura que arrasam o corpo feminino.

10
Gratidão e esforço

Quando você estiver à beira da inconformação, conte as bênçãos que já terá recebido.

———

Jamais desconsidere o valor do trabalho.

O dono da mina de ouro, só por isso, não obterá sem esforço a ervilha que lhe enriquece o prato.

— 11 —
Ricos

Riqueza, na essência, é o aproveitamento real das oportunidades que a vida nos oferece em nome do Senhor.

O homem afortunado pode ser o rico da benemerência.

O pobre pode ser o rico de esforço.

A pessoa robusta pode ser o rico de serviço.

A doente pode ser o rico de resignação.

O moço pode amealhar o tesouro da força bem dirigida.

Quem amadureceu na experiência pode organizar valioso patrimônio de ponderações edificantes.

A mulher pode tornar-se um modelo de abnegação.

O homem pode converter-se numa coluna de heroísmo.

A criatura cercada de obstáculos pode enriquecer-se de virtudes excelsas.

Fortuna, de modo algum, será apenas metal ou papel amoedado. É, sobretudo, valor do espírito, bênção da alma, luz do coração.

Deus não criou a pobreza.
O homem, sim, quando perturba a marcha das Leis Divinas que governam a vida e abusa das graças que recebe, empobrece-se de oportunidades de progresso e gera para ele próprio a escassez, a dor, o remorso, a enfermidade e a expiação que o consomem, por largo tempo, sem destruí-lo, no purgatório necessário da regeneração.

Não esmoreça ante os obstáculos do caminho de elevação.

— 12 —
Ideias para hoje

Ninguém foge aos princípios de causa e efeito, mas ninguém está privado da liberdade de renovar o próprio caminho, renovando a si mesmo.

Cada um de nós, onde se encontre agora, permanece em meio da colheita daquilo que plantou, com a possibilidade de efetuar novas sementeiras.

Em nossas próprias tendências de hoje, será possível entrar no conhecimento do que fazíamos ontem.

Achamo-nos todos presentemente no lugar certo, com as criaturas certas e com as obrigações exatas, a fim de realizarmos o melhor ao nosso alcance.

*Dizem os sábios que Deus dá
o frio conforme o cobertor,
para que o Homem saiba dar
o cobertor conforme o frio.*

— 13 —
Bagatelas

O século é fruto dos dias.
O rio nasce da fonte oculta.
A árvore procede do embrião.
A linha é uma sucessão de pontos minúsculos.
A jornada de cem léguas origina-se de um passo.
O discurso mais nobre principia numa palavra.
O livro inicia-se com uma letra.
A mais bela sinfonia começa numa nota.
A seda mais delicada é uma congregação de fios.

———

De bagatelas é constituída a hora do homem.

———

Todavia, sem que venhamos a executar os pequeninos deveres, quais se fossem grandes, jamais alcançaremos as grandes realizações com a simplicidade que nos deve assinalar o caminho.

14
Lição e auxílio

Aconselhas o outro para que se conheça e afirmas que para isso é forçoso que o outro se desvencilhe das trevas que o sufocam...

Como podes, no entanto, formular essa ordem, sem auxiliá-lo a curar as feridas ou a sanar as deformidades que o afligem, dentro da armadura de sombras a que se acolhe?

Conseguirás, porventura, libertar um homem do cárcere a que se prende, sem estender-lhe a chave?

—— 15 ——
Na educação cristã

Prepara a terra e farás a sementeira.
Aduba o solo a terás a plantação.
Lavra a madeira e encontrarás a estátua divina.
Condiciona o barro e a argila dar-te-á o vaso.
Malha a bigorna e o ferro conferir-te-á benefícios.

Estuda e aprenderás.
Auxilia e colherás o auxílio.
Ampara e o suprimento do Céu responderá aos teus apelos.
Irmana-te com todos e todos te estenderão o concurso fraternal.
Ilumina os companheiros da retaguarda e os vanguardeiros do Amor alimentar-te-ão a lâmpada.
Produze bondade e estímulo em torno de teus passos e o incentivo do Mais Alto enriquecer-te-á o celeiro.

Acharás o que procuras.
Colherás o que semeias.

Eduquemos nos padrões de Jesus e o futuro será presidido pela realidade cristã.

Ensinar para o bem, através do pensamento, da palavra e do exemplo, e salvar.

Em razão dessa verdade, o Senhor foi chamado o Divino Mestre, e é ainda por isso que o Reino de Deus na Terra é obra de educação.

Quase todas as escolas religiosas falam do inferno de penas angustiosas e horríveis, onde os condenados experimentaram torturas eternas. São raras, todavia, as que ensinam a verdade da queda consciencial dentro de nós mesmos, esclarecendo que o plano infernal e a expressão diabólica encontram início na esfera interior de nossas próprias almas.

— 16 —
Nos caminhos do coração

Quando você puder:
Movimente-se, fale, trabalhe ou escreva para fazer o bem.
Não pergunte.
Sirva.
Alguém está precisando.
Quem é saberá você depois.

Jejuns e penitências serão válidos.
A dieta pode ajudar a vida e prolongá-la.
Promessas observadas trazem o benefício da disciplina e da educação.
Existem, no entanto, certos votos de que todos devemos compartilhar: aceitar os outros como são, servir sem incomodar, abençoar sempre, desculpar sem restrições.

O livro pode ser um tesouro de conhecimentos superiores, mas não surgiria sem as letras do alfabeto.

17
Oportunidades

Alguém disse para ele que o via na condição de um homem carregado de influências menos felizes...

Entretanto, disse-lhe o mentor:

— Filho meu, que me diz de um ônibus ou de um carro vazios, de uma casa ou de um templo vazios? O Senhor sabe quando a criatura se vê ameaçada pela carga que carrega e providencia meios de aliviá-la, qual ocorre com o caminhão superlotado que a autoridade do trânsito observa e reajusta.

E sorrindo:

— Agradeçamos a Deus pelo fato de estar você carregado pela oportunidade de auxiliar.

Dizem que uma estrela, suportando vasta região de trevas no espaço, pediu à chama da vela para que a substituísse numa sala escura.

Enorme saldo de tempo exige avultado serviço extra.

— 18 —
De parte a parte

Não esmoreça, ante os obstáculos do caminho de elevação.

Terá você perdido valores materiais de alta expressão? Prossiga nos encargos que a vida lhe confiou e, através das suas atividades no bem, Deus lhe doará outros de maior importância.

Está você doente? Não olvide tratar-se com os recursos ao seu alcance e Deus lhe restaurará, tanto quanto possível, as suas disponibilidades de saúde.

Desgostos e contratempos? Entregue-se ao serviço em favor dos semelhantes, e Deus lhe dissipará qualquer sombra do coração.

Ofensas e injúrias? Perdoe sinceramente, sejam quais sejam, e Deus auxiliará você a esquecê-las.

Provações e amarguras? Recorde quanto bem você pode realizar com o tempo ou com as energias, ao seu dispor, e Deus transformará seus desenganos em novas alegrias.

Terá você cometido algum erro? Procure conscientemente reparar a própria falta, e Deus lhe dotará o coração com as oportunidades e meios de corrigenda.

Algum problema difícil? Busque atuar invariavelmente para o bem e Deus lhe orientará os pensamentos e os passos para a melhor solução.

Não tema atropelos ou embaraços na experiência em que se encontra, porque se você caminha na existência oferecendo aos outros o melhor de você mesmo, Deus proverá sua vida com todos os agentes que se lhe façam necessários à paz.

Em qualquer dificuldade ou tribulação em que se veja, continue agindo para o bem, entregando ao próximo a sua parte de trabalho e paciência, boa vontade e compreensão e estejamos convencidos, em qualquer tempo, de que nunca nos faltará a parte de Deus.

É natural pense cada um como possa, e ninguém deve promover a violência na obra de Deus, mas, em qualquer tempo e situação, estejamos certos de que muito coopera e auxilia quem trabalha e não atrapalha.

19
O que interessa

As ocorrências da vida se destacam em dias determinados, na senda de todos:

as tribulações em família;
os obstáculos no trabalho;
as enfermidades de longo curso;
os desgostos domésticos;
os momentos de erro;
os tempos de crise;
os empeços profissionais;
as incompreensões de pessoas queridas;
os dias de reconforto;
as horas de êxito nas realizações laboriosamente esperadas;
os sofrimentos ocultos;
os parentes difíceis;
as aversões gratuitas;

os companheiros-problema;
os prejuízos de consequências graves;
os negócios infelizes;
as épocas de solidão;
e as sombras da tempestade, quando a tempestade nos domina o ambiente...

De tudo isso, a Divina Providência toma o conhecimento preciso, através dos mensageiros que a representam, junto de nós, mas, em verdade, aquilo que ao Plano Superior interessa saber é o nosso tipo de reação diante disso ou daquilo que nos sucede.

20
A palavra

A palavra é indubitavelmente um dos fatores determinantes no destino das criaturas.

Ponderada – favorece o juízo.
Leviana – descortina a imprudência.
Alegre – espalha otimismo.
Triste – semeia desânimo.
Generosa – abre caminho à elevação.
Maledicente – cava despenhadeiros.
Gentil – provoca o reconhecimento.
Atrevida – traz a perturbação.
Serena – produz calma.
Fervorosa – impõe a confiança.
Descrente – invoca a frieza.
Bondosa – ajuda sempre.
Cruel – fere implacável.
Sábia – ensina.

Ignorante – complica.
Nobre – tece o respeito.
Sarcástica – improvisa o desprezo.
Educada – auxilia a todos.
Inconsciente – gera amargura.

Por isso mesmo, exortava Jesus: — "Não procures o argueiro nos olhos de teu irmão, quando trazes uma trave nos teus".

A palavra é a bússola de nossa alma, onde estivermos.

Conduzamo-la, na romagem do mundo, para a orientação do Senhor, porque, em verdade, ela é a força que nos abre as portas do coração às fontes luminosas da vida ou às correntes da morte.

Efetivamente, você ainda não conquistou a alegria permanente, todavia, consegue endereçar um sorriso de simpatia aos que necessitam de esperança.

—— 21 ——
Proteção

Duas horas de fria madrugada num hotel pequeno de rodovia.

O cavalheiro chegou apressado e pediu a chave do aposento em que se instalara durante o dia.

Inexplicavelmente, a chave desaparecera e o interessado se confiou à exasperação.

Gritou. Acusou empregados.

A gerência interferiu com gentileza.

Outro quarto lhe seria entregue. O homem, porém, declarou que deixara junto ao leito grande soma em dinheiro e exigiu fosse a porta arrombada.

Depois de muita crítica, em que ameaçava a casa com denúncia à polícia, concordou em ocupar um aposento vizinho.

Somente pela manhã, ao Sol muito alto, a fechadura foi quebrada. E só então o inconformado hóspede, ao retirar o dinheiro, verificou que sob o travesseiro se ocultava enorme escorpião.

Por onde você passe, e no tamanho que possa, deixe um rastro de alegria.

— 22 —
Toda tarefa é importante

Vermes da Terra pediram ao Sol do entardecer lhes desse luz para determinadas evoluções durante a noite, e o Sol rogou ao pirilampo lhe tomasse o lugar.

———◆———

O rio observou que uma criança desmaiava de sede, não longe da corrente, mas sem poder desviar-se do próprio curso, solicitou à pequena concha da margem lhe levasse algumas gotas d'água.

23
Registros da vida

Não despreze seu corpo.
Um músico não interpreta a melodia, usando instrumento desafinado.

Todos nós, quando encarnados na Terra, somos viajores, no carro do corpo físico.
Para que lado abre você a janela da própria observação? Para o campo ou para o charco? Para o abismo ou para o Céu?
Se uma árvore singela nasce para produzir e auxiliar, por que teria a criatura humana de corporificar-se no mundo unicamente para férias?

Viver para quê?
Para aprendermos a viver bem e a viver para o bem.

Meditemos na importância da vida, em qualquer setor, e trabalhemos.

24
Pergunta de sábio

O sábio recebia consultas de muita gente.

Por isso mesmo, passou a necessitar de colaboração alheia, a fim de consolar e instruir os companheiros aflitos que lhe recorriam ao coração. Certo dia, mais cansado, colocou à porta um cartaz para os que chegavam, em que se podia ler:

— Amigo, você veio em meu auxílio ou é parte dos meus problemas?

Não despreze seu corpo.

25
Alavanca de luz

O dinheiro compra a sustentação.
A vida vem de Deus.
O dinheiro, porém, nas mãos da criatura que aprende a viver e a servir, com o amparo de Deus, é capaz de melhorar as condições de existência para legiões de pessoas.

———

O dinheiro compra a cultura acadêmica.
A inteligência vem de Deus.
Mas, nas mãos da criatura que aprende a viver e a servir com o amparo de Deus, pode espalhar escolas e livros, beneficiando extensas comunidades.

———

O dinheiro compra a farmácia.
A saúde vem de Deus.
Entretanto, nas mãos da criatura que aprende a viver e a servir, com o amparo de Deus, o dinheiro

consegue movimentar providências e adquirir os remédios necessários ao alívio ou à cura de numerosos doentes.

O dinheiro compra o conforto.
A alegria vem de Deus.
No entanto, nas mãos da criatura que aprende a viver e a servir, com o amparo de Deus, o dinheiro pode repartir parcelas de felicidade em todas as direções.

O dinheiro compra o leito.
O repouso vem de Deus.
Contudo, nas mãos da criatura que aprende a viver e a servir, com o amparo de Deus, o dinheiro consegue oferecer agasalhos e cobertores, protegendo o sono dos companheiros que a penúria assinala.

O dinheiro é força.
O poder vem de Deus.
Mas, nas mãos da criatura que aprende a viver e a servir, com o amparo de Deus, o dinheiro é capaz de promover socorro e consolação para muita gente.

A criatura vem de Deus.

Deus é a Vida em todos.

E o dinheiro nas mãos da criatura que aprende a viver e a servir, com o amparo de Deus, é sempre uma bênção de esperança e uma alavanca de luz.

Todo desequilíbrio engenhado pelas forças das trevas é suscetível de se regenerar pela energia benéfica do serviço.

26
Vigilância

O amigo dizia para outro amigo:

— Não, não creio na necessidade de qualquer defesa contra o mal. Onde a Providência de Deus, se formos obrigados a fazer isso?

— Entretanto, — disse o interlocutor — Jesus nos aconselhou vigilância, quando nos exortou a orar e vigiar para não cairmos em tentação...

— A vigilância da palavra do Cristo era amor, simplesmente amor... Devemos unicamente amar, entregando a Deus qualquer problema de defensiva...

Longo silêncio se fez entre ambos.

Alcançando farmácia vizinha, o companheiro que recusava a prudência, em matéria de autopreservação, solicitou vacina contra varíola que passava em distrito próximo.

Depois de sofrer a respectiva picada, o outro observou com largo sorriso:

— Amigo, se você não aprova a vigilância contra o mal, como consegue admitir o poder da vacina?

Jamais desconsidere o valor do trabalho.

—— 27 ——
O melhor por fazer

Se você não consegue evitar a irritação, use o silêncio.

———◆———

Se não aprova o socorro material aos necessitados, não apague a chama da beneficência no coração daqueles que a praticam.

———◆———

Se ainda não sente facilidade para esquecer as faltas alheias, não considere por subserviência a atitude louvável dos irmãos que olvidam o mal, a qualquer instante, em louvor do bem.

———◆———

Se não acredita no valor do diálogo construtivo, em favor dos irmãos ignorantes e infelizes, não menospreze o esforço daqueles que o cultivam buscando a libertação dos companheiros ensombrados em desequilíbrio.

Se você não admite o amparo das entidades humildes, na supressão das dificuldades de espírito e das desarmonias do corpo, enquanto estamos na Terra, não menoscabe o apoio de semelhantes auxiliares que se guiam pelas bênçãos da Natureza.

Se não dispõe de recurso para a cordialidade com todos, não impeça que outros a exemplifiquem, na prática da fraternidade.

Se não suporta o clima de intercâmbio com os amigos encarnados ou desencarnados, ainda presos, de certo modo, às trevas de espírito, não subestime o trabalho de quantos se dedicam a reconfortá-los e esclarecê-los.

Se não pode abraçar os portadores de opiniões e crenças diversas das suas, não julgue por irresponsabilidade a tarefa respeitável de quantos se aplicam à solidariedade, para aproveitamento, no bem, de todos os obreiros da fé que nos partilhem a convivência e o caminho.

Se não sabe unir os irmãos de experiência na sustentação de boas obras, não tenha por bajulação o comportamento daqueles que colaboram na harmonia e no entrosamento de todos os corações para o bem.

É natural pense cada um como possa, e ninguém deve promover a violência na Obra de Deus, mas, em qualquer tempo e situação, estejamos certos de que muito coopera e auxilia sempre quem trabalha e não atrapalha.

Agradeçamos a Deus pelo fato de estar você carregado pela oportunidade de auxiliar.

28
Reflexões

O dinheiro que ajuda a alguém é companheiro da caridade.

O dinheiro que educa é semeador de luz.

O dinheiro que sustenta as letras edificantes é lâmpada acesa.

O dinheiro que resgata dívidas é testemunho de correção.

O dinheiro que estimula o bem, nas suas variadas formas, é missionário do Céu.

O dinheiro que alivia é bálsamo da Vida Superior.

O dinheiro que cura é alimento divino.

O dinheiro que gera trabalho digno é dínamo do progresso.

O dinheiro que restaura o bom ânimo é fraternidade em ação.

O dinheiro que planta alegria e fé renovadora é criador de bênçãos imortais.

Mas o dinheiro que para no cofre ou na bolsa, que não se converte à bondade, repousando indefinidamente, longe da luta pelo enriquecimento comum, é metal inútil, que transforma o seu possuidor em balão cativo na Terra, escravo das inutilidades, temores, sombras e convenções destrutivas que retêm a criatura à distância da verdade, no purgatório da avareza ou da perturbação.

— 29 —
Medicação espiritual

Tristeza e desânimo?
Trabalhe reconfortando aqueles que experimentam provações maiores do que as nossas.

Desafios e problemas?
Trabalhe e espere.

Indiferença ou desprezo de alguém?
Trabalhe e olvide.

Ódio sobre os seus dias?
Trabalhe, estendendo o bem.

Desarmonia e discórdia?
Trabalhe pacificando.

Incompreensão e ignorância?
Trabalhe e abençoe.

Reprovação e crítica?
Trabalhe melhorando as suas tarefas.

Contratempos e desilusões?
Trabalhe e renove-se.

Tentações e quedas?
Trabalhe e afaste-se.

Crueldade e violência?
Trabalhe e desculpe.

Em todos os obstáculos da existência, procure agir e servir, ore e perdoe sempre.

Conserve a certeza de que a base de toda e qualquer medicação espiritual para saúde e reequilíbrio será: trabalhar.

30
Perdas

Efetivamente, em algumas ocasiões, teremos sofrido prejuízos grandes, por determinação de ocorrências ou pessoas.

Convém perguntar, porém, quantas vezes fomos furtados por nós mesmos, através do nosso hábito de adiar. Diante do bem por fazer, quantas vezes teremos dito:

"Será melhor amanhã?"

———◆———

Alguém feriu você?

Alguém lhe dilapidou patrimônios ou direitos adquiridos?

Não se irrite.

Concentre as energias de que dispõe na reconstrução dos próprios recursos e observará o refazimento, em mais alto nível, de todos os bens que lhe parecem perdidos.

Deus trabalha no íntimo da vida.
Em silêncio.
Em paz.
Observe: a árvore que passou pela poda é aquela que oferece mais frutos.

O Senhor não criou a pobreza.

31
Riqueza

Rico é o pântano pelos depósitos de matéria orgânica.
Rica é a enxurrada pelos recursos de adubação.
Rica é a argila pela maleabilidade com que obedece ao oleiro.
Rica é a pedra pela segurança que oferece à construção.
Rica é a ostra que encerra a pérola no próprio seio.
Rica é a árvore pelos tesouros que espalha.
Rico é o serro bruto pelos metais que esconde.
Rica é a areia que defende o leito das águas.
Rica é a fonte que auxilia sem recompensa.
Rica é a forja pelas utilidades que produz.
Rica é a dor pelas lições que ensina.

O Senhor não criou a pobreza.

Além disso, converteu o homem no rei das criaturas terrestres.

O homem, porém, até agora, no sentido coletivo da definição, permanece detido na posição de chefe dos animais.

―·―

Onde há luz de inteligência, não há penúria.

―·―

Cada coração pode ser um manancial de bênçãos.

―·―

Doar estímulo, fraternidade, alegria, consolo, esperança e amor é mais que transferir as bênçãos dos recursos amoedados.

―·―

Estejamos a postos para trabalhar e servir, sem olvidarmos que se há grandes benfeitores da Humanidade, que semeiam fortunas incalculáveis na preservação da saúde e da instrução da vida comunitária, Jesus, ainda e sempre, é o maior de todos os redentores da Terra, porque ofereceu ao mundo a própria vida, no sacrifício supremo do próprio coração.

Em verdade, aqueles que apenas encontram defeitos nos outros é que ainda não querem ou não podem amar a ninguém...

O trânsito da vida possui também sinalização peculiar:
Silêncio – previne contra perigo.
Oração – prepara a passagem livre.
Serviço – garante a marcha correta.
Em qualquer obstáculo, valer-se desse trio de paz, discernimento e realização é assegurar a própria felicidade.

32
Solução

Se você procura solução adequada ao seu problema, não olvide o grande remédio do trabalho, doador de infinitos recursos, em favor do progresso do homem e da Humanidade.

Seu cérebro vive cheio de perguntas?
Trabalhe e o serviço conferir-lhe-á respostas exatas.

Suas mãos permanecem paralisadas pelo desânimo?
Insista no trabalho e o movimento voltará.

Seus braços jazem fatigados?
Confie-se ao esforço novamente e a ação simbolizará para eles o lubrificante preciso.

Seu coração vive pesaroso e sem luz?
Procure agir no bem incessante e a alegria ser-lhe-á precioso salário.

Seus ideais encontraram sombra e gelo no grande caminho da vida?
Dê seu concurso às boas obras sem desfalecer, e claridades novas brilharão no céu de seus pensamentos.

A parada que não significa descanso construtivo para recomeçar as atividades úteis é alguma cousa semelhante à morte.

Todos os males da retaguarda podem surpreender aquele que não avança.

Mas se você acredita no poder do trabalho, aceitando o serviço aos semelhantes, por norma de viver em paz, na obediência a Deus, o seu espírito terá penetrado realmente o verdadeiro caminho da salvação.

33
Indagação e resposta

Possivelmente, você também será daqueles companheiros do mundo físico que indagam pela razão de mentores desencarnados transmitirem tantas mensagens de essência filosófica, mormente baseadas nos ensinamentos do Cristo.

Responderemos que uma pergunta dessas equivale à inquisição que alguém formulasse sobre o motivo de tantas escolas para os que vivem na Terra.

A verdade é que todos os irmãos do plano físico, queiram ou não, acreditem ou não acreditem, virão ter conosco, mais hoje ou mais depois de amanhã, e cabe-nos diminuir o trabalho que, porventura, nos venham a impor, ao abordarem o nosso campo de vivência espiritual, já que somos todos uma só família perante Deus.

Examinem vocês algumas das perguntas que nos são desfechadas, com absoluta sinceridade, por milhares de companheiros assim que se conscientizam quanto à própria desencarnação.

Onde se localiza o Céu dos bem-aventurados?

Onde residem os anjos?

Por que Deus, em pessoa, não se dispôs a vir recebê-los?

Por que Jesus lhes foge à visão, se viveram orando e confiando no Divino Mestre?

Por que sofreram tanto?

Por que não conseguem conversar imediatamente com os familiares que ficaram a distância?

Por que são convidados a trabalhar se tanto esperaram pelo descanso?

Por que não foram avisados sobre o dia da volta à verdadeira vida?

Por que não conseguem alterar os testamentos que deixaram no mundo?

Em que lugar estarão os infernos?

Onde estão encravados os purgatórios?

Como será o repouso que lhes será concedido, se não enxergam amigo algum que não seja em trabalho árduo?

Por que as entidades angélicas não lhes dispensam as atenções de que se julgam merecedores?

―――――◆―――――

Para resumir, dir-lhes-ei que, há dias, um amigo nosso, devotado obreiro do Bem, na Espiritualidade, foi questionado por um irmão recém-vindo da Terra, dentre aqueles que lhe recebiam diretrizes, sobre o melhor meio pelo qual conseguiria enxergar alguns demônios.

Com o melhor humor, o companheiro apenas respondeu:

— Meu filho, lamento muito, mas não tenho aqui um espelho para nós dois.

Enfermidades sitiam-te a casa, conturbando-te a vida... Coragem e paciência.

S.O.S é hoje o sinal de todas as nações para configurar as súplicas de socorro e, na esfera de todas as criaturas, existe outro S.O.S, irmanando Silêncio, Oração e Serviço, como sendo a síntese de todas as respostas.

34
Orações da estrada

Senhor!
Ante as ofensas que, porventura, me firam, auxilia-me a lembrar quantas vezes já recebi o perdão alheio, diante de minhas próprias faltas.

Senhor!
Deixa-me perceber quanto tenho incomodado os outros com os meus erros, para que os prováveis erros dos outros não me façam desanimar.

35
Se lhe falta

Se lhe falta alguma utilidade, peça o amparo dos outros, buscando ser útil.
Ninguém precisa roubar.

Se lhe falta saúde, proteja as energias de que ainda dispões.
O traje remendado é uma bênção para quem podia estar nu.

Se lhe falta afeição, procure a simpatia do próximo com nobreza.
Há milhares de criaturas mentalizando o suicídio porque lhes falta a estima de alguém.

Se lhe falta tranquilidade, tente encontrá-la em você.

Entra no fogo quem quer.

Se lhe falta força, descanse e recomece.
Muito difícil estabelecer o ponto de interação entre o cansaço e a preguiça.

Se lhe falta instrução, dê mais algum tempo no estudo.
A Terra está inundada de livros.

Se lhe falta trabalho, não fique esperando.
Há uma enxada em toda parte.

Se lhe falta aprovação alheia ao esforço sincero de servir e de aprimorar-se, continue fazendo o melhor ao seu alcance.

Aqueles que perdoam as nossas imperfeições e nos abençoam em nossas dificuldades são superiores a nós, mas aqueles que nos criticam ou complicam são tão necessitados quanto nós mesmos.

— 36 —
S.O.S

A existência é comparável ao firmamento que nem sempre surge anilado.

———◆———

Dias sobrevêm-nos quais as nuvens da prova se entrechocam de improviso, estabelecendo o aguaceiro das lágrimas. Raios de angústia varrem o céu da esperança, granizos de sofrimento apedrejam os sonhos, rajadas de calúnia açoitam a alma, enxurrada carreando maledicência invade o caminho anunciando subversão.

———◆———

Multiplicam-se os problemas, traçando os testes do destino em que nos verificará o aproveitamento dos valores que o mundo nos oferece.

———◆———

Entretanto a facilitação de cada problema solicita três atitudes essencialmente distintas, tendendo ao mesmo fim.
Silêncio diante do caos.
Oração à frente do desafio.
Serviço perante o mal.

Se a discórdia ameaça, façamos silêncio.
Se a tentação aparece, entenebrecendo a estrada, recorramos à oração.
Se a ofensa nos injuria, refugiemo-nos no serviço.

Toda perturbação pode ser limitada pelo silêncio até que se lhe extinga o núcleo de sombra.
Toda impropriedade mental desaparece se lhe antepomos a luz da oração.
Todo desequilíbrio engenhado pelas forças das trevas é suscetível de se regenerar pela energia benéfica do serviço.

O trânsito da vida possui também sinalização peculiar:
Silêncio – previne contra o perigo.
Oração – prepara a passagem livre.
Serviço – garante a marcha correta.

Em qualquer obstáculo, valer-se desse trio de paz, discernimento e realização é assegurar a própria felicidade.

———◆———

S.O.S é hoje o sinal de todas as nações para configurar as súplicas de socorro e, na esfera de todas as criaturas, existe outro S.O.S, irmanando Silêncio, Oração e Serviço, como sendo a síntese de todas as respostas.

37
Sementeira

Abre-se a floresta até então intransitável e densa.
Definem-se dificuldades, pântanos, espinheiros...
O semeador, porém, não se confia ao desânimo.
Traça planos.
Ataca o serviço.
Realiza o milagre.

De início, é o desbravar.
Em seguida, surgem os imperativos de preparação do solo e de seleção dos recursos.
A cova minúscula e escura recebe a semente pequenina, que perde os envoltórios com a colaboração do tempo.
Só então é possível a promessa do grelo tenro.
Todavia, não param aí os desvelos e as vigílias do semeador.

Hoje, é necessário proteger a plantinha frágil contra o esmagamento; amanhã, é imprescindível furtá-la ao assédio dos vermes destruidores.

Agora, pede a lavoura iniciante adequada medida contra a canícula rigorosa; depois, reclama providências que a salvem do aguaceiro.

A fronde, a flor e o fruto representam, no entanto, o precioso prêmio.

Assim também é a sementeira espiritual.

Nas profundezas de mente inculta caem os princípios da Divina Sabedoria.

Ninguém exija, contudo, o resultado absoluto num instante.

Quantos séculos teremos despendido, na formação da selva de nossos instintos e de nossos caprichos obscuros?

O serviço de adaptação e educação reclama tempo e paciência, para que a colheita do conhecimento e do amor, em cada alma, enriqueça os celeiros da Terra.

Não esperemos que o nosso companheiro de experiência nos ofereça a perfeição, impraticável de um momento para o outro.

Se procuramos o Cristo, gravemos as lições dele em nós mesmos, antes de impô-las aos semelhantes.

Adubemos os solos dos corações com a luz do bom exemplo, com a bênção da fraternidade, com a flor do estímulo e com o silêncio da compreensão.

Não firamos onde não possamos auxiliar.

O sol resplandece sem palavras, curando as chagas do planeta.

A fonte rola cantando, sem acusações, colada ao dorso da Terra.

O vento fecunda a Natureza, sem exigências.

Amemos sempre. O coração que se devota à fraternidade não usa o poder do verbo para denegrir ou dilacerar.

Passemos auxiliando.

Compadeçamo-nos do cardo que ainda conserva aguçados acúleos.

Compadeçamo-nos das ervas envenenadas que ainda não conseguiram modificar a própria seiva.

Compadeçamo-nos das árvores infelizes cujos galhos ressecaram pela pobreza do ambiente em que nasceram.

A senda é longa.

A romagem solicita o esforço das horas incessantes.

Sigamos improvisando o bem, por onde passarmos.

Guarde a nossa luta a sublime experiência do semeador.

Compreendamos o cipoal, auxiliemos o chão duro do destino e aproveitemos a lama da estrada para o bem geral, projetando na terra das almas as sementes benditas que o Mestre nos confiou.

E esperemos o tempo, uma vez que o tempo é o patrimônio da Divina Bondade, que na esteira dos dias, dos anos e dos séculos, nos oferecerá sempre a colheita de nossa vida segundo as nossas próprias obras.

CARIDADE: AMOR EM AÇÃO

SEDE BONS E CARIDOSOS: essa a chave que tendes em vossas mãos. Toda a eterna felicidade se contém nesse preceito: "Amai-vos uns aos outros". KARDEC, Allan. *O evangelho segundo o espiritismo*, cap. 13, it. 12.

A Federação Espírita Brasileira (FEB), em 20 de abril de 1890, iniciou sua *Assistência aos Necessitados* após sugestão de Polidoro Olavo de S. Thiago ao então presidente Francisco Dias da Cruz. Durante 87 anos, esse atendimento representava o trabalho de auxílio espiritual e material às pessoas que o buscavam na instituição. Em 1977, esse serviço passou a chamar-se Departamento de Assistência Social (DAS), cujas atividades assistenciais nunca se interromperam.

Desde então, a FEB, por seu DAS, desenvolve ações socioassistenciais de proteção básica às famílias em situação de vulnerabilidade e risco socioeconômico. Fortalece os vínculos familiares por meio de auxílio material e orientação moral-doutrinária com vistas à promoção social e crescimento espiritual de crianças, jovens, adultos e idosos.

Seu trabalho alcança centenas de famílias. Doa enxovais para recém-nascidos, oferece refeições, cestas de alimentos, cursos para jovens, serviços de convivência e fortalecimento de vínculos para idosos e organiza doações de itens que são recebidos na instituição e repassados a quem necessitar.

Essas atividades são organizadas pelas equipes do DAS e apoiadas com recursos financeiros da instituição, dos frequentadores da casa e por meio de doações recebidas, num grande exemplo de união e solidariedade.

Seja sócio contribuinte da FEB, adquira suas obras e estará colaborando com o seu Departamento de Assistência Social.

Conselho Editorial:
Jorge Godinho Barreto Nery – Presidente
Geraldo Campetti Sobrinho – Coord. Editorial
Cirne Ferreira de Araújo
Evandro Noleto Bezerra
Maria de Lourdes Pereira de Oliveira
Marta Antunes de Oliveira de Moura
Miriam Lúcia Herrera Masotti Dusi

Produção Editorial:
Rosiane Dias Rodrigues

Revisão:
Elizabete de Jesus Moreira
Euzébio Medrado
Jorge Leite de Oliveira

Capa:
Thiago Pereira Campos

Projeto gráfico:
Ingrid Saori Furuta

Diagramação:
Rones José Silvano de Lima

Normalização Técnica:
Biblioteca de Obras Raras e Documentos Patrimoniais do Livro

Esta edição foi impressa pela Coronário Editora Gráfica Ltda., Brasília, DF, com tiragem de 6 mil exemplares, todos em formato fechado de 140x210 mm e com mancha de 100x164mm. Os papéis utilizados foram o Pólen Soft 80 g/m² para o miolo e o Cartão Supremo 250 g/m² para a capa. O texto principal foi composto em Adobe Garamond 14/17 e os títulos em Adobe Garamond 18/18. Impresso no Brasil. *Presita en Brazilo.*